MINISTÈRE DE LA MARINE

DÉCRET

SUR LES

ENGAGEMENTS VOLONTAIRES

ET LES

RENGAGEMENTS

DANS LES TROUPES DE LA MARINE

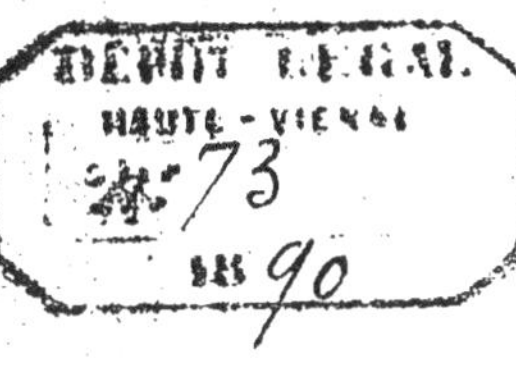

PARIS		LIMOGES
11, *place Saint-André-des-Arts.*		46, *Nouvelle route d'Aixe.* 46.

IMPRIMERIE ET LIBRAIRIE MILITAIRES

Henri CHARLES-LAVAUZELLE

Éditeur

1890

DÉCRET

SUR LES

ENGAGEMENTS VOLONTAIRES

ET LES

RENGAGEMENTS

DANS LES TROUPES DE LA MARINE

RÉPUBLIQUE FRANÇAISE.

MINISTÈRE DE LA MARINE

DÉCRET

SUR LES

ENGAGEMENTS VOLONTAIRES

ET LES

RENGAGEMENTS

DANS LES TROUPES DE LA MARINE

PARIS | **LIMOGES**
11, *Place Saint-André-des-Arts.* | *46, Nouvelle Route d'Aixe, 46.*

Henri CHARLES-LAVAUZELLE
Éditeur militaire.
—
1890

RAPPORT

Au Président de la République française

Paris, le 28 janvier 1890.

Monsieur le Président,

Les conditions générales de l'engagement volontaire et du rengagement dans les troupes de la marine ont été modifiées en grand nombre de points par la loi du 15 juillet 1889, sur le recrutement de l'armée.

Désormais, les engagements volontaires peuvent être signés non plus, comme antérieurement, pour cinq années, mais pour trois, quatre ou cinq ans.

L'âge maximum pour les engagements a été fixé à 32 ans accomplis.

Enfin, les rengagements sont maintenant de deux, trois ou cinq ans pour les caporaux ou brigadiers et les soldats ou canonniers des troupes de la marine. Ils peuvent être reçus dès que les hommes ont au moins six mois de service.

Ces modifications générales et les modifications de détail qui en découlent nécessitent la refonte complète, au point de vue des troupes de la marine, du décret du 18 juin 1873, sur les engagements et rengagements dans l'armée de mer.

J'ai fait préparer, en conséquence, le projet de décret ci-joint que j'ai l'honneur de soumettre à votre haute sanction.

Veuillez agréer, Monsieur le Président, l'hommage de mon profond respect.

Le sénateur, Ministre de la marine,

E. BARBEY.

Le Président de la République française.

Vu la loi du 15 juillet 1889, sur le recrutement de l'armée, et notamment les articles 59, 60, 63 et 65 de ladite loi ;

Sur le rapport du Ministre de la marine ;

Décrète :

TITRE Ier.

DES ENGAGEMENTS VOLONTAIRES.

Art. 1er. La durée de l'engagement volontaire est de trois, quatre ou cinq ans dans les troupes de la marine.

Le temps de service de l'engagé compte du jour où il a signé son acte d'engagement.

Art. 2. Tout homme qui demande à contracter un engagement volontaire pour servir dans les troupes de la marine doit, indépendamment des conditions exigées par l'article 59 de la loi du 15 juillet 1889, réunir les conditions suivantes :

1° Etre sain, robuste et bien constitué ;

2° Avoir atteint l'âge minimum de 18 ans et n'avoir pas dépassé l'âge maximum de 32 ans accomplis ;

3° Satisfaire, selon le corps où il veut servir, aux conditions de taille et d'aptitude fixées par le tableau joint au présent décret ;

4° N'être lié au service de terre ou de mer comme engagé volontaire, rengagé ou appelé, ni dans l'armée active, ni dans la réserve de ladite armée, ni dans l'armée territoriale ;

5° Ne pas appartenir à l'inscription maritime.

Art. 3. Les jeunes gens remplissant les conditions énoncées à l'article précédent et qui contractent des engagements volontaires d'une durée de cinq ans reçoivent, pendant les deux dernières années, une prime dont le montant sera ultérieurement fixé.

Art. 4. L'engagé indique le corps dans lequel il désire servir.

Si ce corps tient garnison dans le département où il réside, l'engagé doit justifier de l'acceptation du chef de corps, approuvée par le préfet maritime.

Les corps de troupe de la marine sont définis ainsi qu'il suit :

^{me} régiment d'infanterie de la marine ;

Le régiment d'artillerie de la marine ;

^{me} compagnie d'ouvriers d'artillerie de la marine ;

Armuriers militaires de la marine.

L'engagé volontaire peut toujours être changé de corps et d'arme lorsque l'intérêt ou les besoins du service l'exigent.

Art. 5. Les engagements volontaires pour chacun des différents corps de troupe de la marine peuvent être ouverts ou suspendus par une décision du Ministre de la marine, suivant les besoins et en tenant compte des ressources inscrites annuellement, à ce titre, au budget.

Art. 6. Le jeune homme qui demande à s'engager se présente devant un commandant de bureau de recrutement.

Cet officier supérieur, après s'être assuré, avec l'assistance d'un médecin militaire, ou, à défaut, d'un docteur en médecine désigné par l'autorité militaire, que le jeune homme n'a aucune infirmité ni maladie apparente ou cachée, qu'il est d'une constitution saine et robuste, qu'il a la taille, le périmètre thoracique et qu'il réunit les conditions exigées pour servir dans le corps où il désire entrer, lui délivre un certificat d'aptitude.

Le chef du corps où désire entrer l'engagé peut également délivrer ce certificat, après visite de l'un des médecins sous ses ordres.

A Paris et pour le département de la Seine, les certificats d'acceptation sont délivrés au ministère de la marine.

Art. 7. Muni du certificat d'aptitude que lui a délivré l'autorité militaire, le contractant se présente, en France, devant le maire d'un chef-lieu de canton ; en Algérie, devant le maire de l'une des villes ci-après :

Alger, Aumale, Blidah, Bouffarick. Bordj-Ménaïel, Cherchell, Dellys, Douéra. Coléah, Marengo, Médéah, Milianah, Orléansville, Ténès, Tizi-Ouzou ;

Aïn-Témouchent, Arzew, Saint-Cloud, Saint-Denis-du-Sig, Mascara, Mostaganem, Nemours, Oran, Relizane, Sidi-bel-Abbès, Tlemcen ;

Aïn-Beïda, Batna, Bône, Bougie, Constantine, Djidjelli, Guelma, Jemmapes, La Calle, Philippeville, Sétif, Souk-Ahras ;

Aux colonies, devant les fonctionnaires qui seront désignés pour recevoir les engagements au titre des troupes de la marine.

Il justifie de son âge par pièces authentiques et produit, avec un extrait de son casier judiciaire, le certificat de bonnes vie et mœurs prescrit par l'article 59 de la loi du 15 juillet 1889, ainsi que, s'il y a lieu, le consentement de son père, de sa mère ou de son tuteur.

Si le casier judiciaire relate une condamnation à une peine quelconque soit pour vol, escroquerie, abus de confiance ou attentat aux mœurs, soit une condamnation à l'une des peines prévues par l'article 5 de la loi, l'engagement ne peut être reçu pour les troupes de la marine.

Art. 8. Le maire constate l'identité du contractant et lui fait déclarer devant deux témoins remplissant les conditions prévues à l'article 37 du code civil :

1° Qu'il n'est ni marié, ni veuf avec enfant ;

2° Qu'il n'est lié au service de terre ou de mer comme engagé volontaire, appelé ou rengagé, ni dans l'armée active, ni dans la réserve de ladite armée, ni dans l'armée territoriale, ni comme inscrit maritime.

Ladite déclaration est insérée dans l'acte d'engagement.

Art. 9. Si l'engagé a été déclaré impropre au service ou classé dans les services auxiliaires par le conseil de revision, ou si, ayant déjà servi, il a été réformé, il justifie de sa position par pièces authentiques.

S'il a appartenu à l'inscription maritime, il doit présenter un certificat de radiation des matricules signé par le commissaire de l'inscription maritime de son quartier.

Art. 10. La faculté de s'engager cesse pour les jeunes gens de la classe à partir du jour où le conseil de revision examine le canton auxquels ils appartiennent.

Après cette époque, ils ne peuvent que demander à devancer l'appel pour entrer dans les troupes de la marine, conformément à l'article 59 de la loi du 15 juillet 1889.

Art. 11. Dans aucun cas, l'engagé volontaire au titre des troupes de la marine ne pourra être admis à bénéficier de la disposition contenue dans l'avant-dernier alinéa de l'article 59 de la loi.

Art. 12. L'acte d'engagement volontaire est conforme au modèle joint au présent décret.

Art. 13. Avant la signature de l'acte, le maire donne lecture à l'engagé :

1° Des paragraphes numérotés 1°, 2°, 3°, 4°, 5° et 6° du deuxième alinéa de l'article 59 de la loi du 15 juillet 1889 ;

2° Des articles 1, 4, 11, 15 et 16 du présent décret ;

3° De l'acte d'engagement.

Les certificats et les autres pièces produites par l'engagé restent annexés à la minute de l'acte.

Art. 14. Tout engagé volontaire reçoit, immédiatement après la signature de son acte d'engagement, une expédition de cet acte et un ordre de route pour se rendre à son corps.

Art. 15. L'engagé se rend directement à son corps. Il est tenu de s'y présenter dans les délais fixés par son ordre de route.

Art. 16. Si, un mois en temps de paix, et deux jours en temps de guerre, après le jour où l'engagé volontaire devait arriver au corps, il n'y a point paru, il est, à moins de motifs légitimes, poursuivi comme insoumis, conformément aux dispositions de l'article

73 de la loi, et puni d'un emprisonnement d'un mois à un an en temps de paix, et de deux à cinq ans en temps de guerre.

Dans ce dernier cas, à l'expiration de sa peine, il est dirigé sur la compagnie de discipline de la marine.

Art. 17. Tout engagé volontaire qui, avant l'incorporation, conteste la légalité ou la régularité de l'acte qui le lie au service des troupes de la marine, adresse sa réclamation au préfet du département où l'acte a été reçu. Si l'engagé volontaire se trouve sous les drapeaux, sa réclamation est soumise à l'autorité maritime sous les ordres de laquelle il est placé.

Les préfets des départements et les autorités maritimes transmettent les demandes en annulation d'acte d'engagement au Ministre de la marine qui statue, s'il y a lieu, ou renvoie la contestation devant les tribunaux.

Le Ministre peut également déclarer nul tout engagement contracté en violation des deux derniers paragraphes de l'article 7 ci-dessus, ou dont le titulaire serait reconnu de nationalité étrangère.

Art. 18. L'engagé volontaire réformé pour des motifs autres que pour blessures reçues en service commandé ou pour infirmités contractées dans les armées de terre ou de mer, peut être ultérieurement compris dans le contingent par le conseil de revision, si les motifs de la réforme ont cessé d'exister.

Dans ce cas, il lui est tenu compte, sur la durée de son service légal, du temps qu'il a précédemment passé sous les drapeaux.

Art. 19. En cas de guerre, il peut être reçu des engagements volontaires pour la durée de la guerre, d'après décision du Ministre de la marine, et pour ceux des corps de troupe de ce département désignés spécialement par cette décision.

Art. 20. Tout Français qui veut contracter un engagement pour la durée de la guerre, dans l'un des corps de troupe de la marine où ces engagements sont ouverts, doit :

1° Etre libre de toute obligation de servir dans l'armée active, dans la réserve de ladite armée et dans l'armée territoriale ou dans les classes de la réserve de l'armée territoriale rappelées à l'activité ;

2° N'être pas porté définitivement sur les matricules de l'inscription maritime ;

3° Etre sain, robuste et en état de faire campagne ;

4° Avoir les qualités et aptitudes requises pour le corps de troupe de la marine où il veut servir ;

5° N'être pas dans l'un des cas d'exclusion de l'armée prévus par l'article 4 de la loi du 15 juillet 1889.

L'acte d'engagement pour la durée de la guerre est conforme au modèle annexé au présent décret.

Art. 21. Aux colonies, les jeunes gens qui demandent à contracter un engagement volontaire au titre des troupes de la marine ne peuvent être reçus à s'engager que pour l'un des corps de troupe stationnés dans la colonie où ils sont domiciliés ; à défaut, dans le corps qui tient garnison dans la possession la plus proche du lieu de résidence de l'intéressé.

TITRE II.

DES RENGAGEMENTS.

Art. 22. Les rengagements sont de deux, trois ou cinq ans pour les caporaux ou brigadiers et les soldats ou canonniers des troupes de la marine. Les intéressés doivent avoir au moins six mois de service.

Les rengagements datent du jour de l'expiration légale du service dans l'armée active. Ils sont renouvelables jusqu'à une durée totale de quinze années de service effectif.

Le temps de service que le rengagé doit accomplir dans la réserve des troupes de la marine se confond avec la durée du rengagement.

Art. 23. Dans les troupes de la marine, les caporaux ou brigadiers et les soldats ou canonniers qui contractent, après six mois de service un premier rengagement, ont droit à une prime payable immédiatement après la signature de l'acte et à des gratifications annuelles.

Le montant de cette prime, ainsi que des gratifications annuelles, sera fixé par un décret. Un règlement d'administration publique déterminera le mode de payement de ces allocations.

Art. 24. Après un premier rengagement, les rengagements ultérieurs donnent droit seulement aux gratifications annuelles.

Art. 25. Les caporaux ou brigadiers et les soldats ou canonniers rengagés ou commissionnés des troupes de la marine reçoivent des hautes payes journalières d'ancienneté, à partir du jour où leur rengagement ou leur commission commence effectivement à courir.

Ces hautes payes sont augmentées de trois en trois ans.

Art. 26. La valeur de ces hautes payes sera fixée ultérieurement.

Art. 27. Les soldats rengagés qui sont incorporés, à la suite de condamnation ou par mesure disciplinaire, au corps des disciplinaires des colonies ou à la compagnie de discipline de la marine, cessent d'avoir droit aux gratifications annuelles et aux hautes payes et sont traités, au point de vue de la solde, conformément aux tarifs spéciaux de ces corp s.

Art. 28. Après quinze années de service effectif, les militaires rengagés ou commissionnés des troupes de la marine ont droit à une pension proportionnelle égale aux 15/25 du minimum de la pension de retraite du grade dont ils seront titulaires depuis deux ans au moins, augmentés de 1/25 pour chaque année de campagne.

Le taux de ces pensions proportionnelles et de retraite est décompté comme il est prescrit à l'article 63 de la loi du 15 juillet 1889.

Les militaires qui obtiennent d'être commissionnés après avoir quitté les drapeaux ne peuvent réclamer la pension proportionnelle qu'après avoir servi pendant cinq ans en cette nouvelle qualité.

Art. 29. Peuvent être admis à se rengager pour les troupes de la marine, avec le bénéfice des avantages mentionnés aux articles 23, 24 et 25 ci-dessus:

1° Les militaires de toutes armes ;

2° Les hommes de la réserve de l'armée de mer ou de la réserve de l'armée de terre, âgés de moins de 28 ans ;

3° Les Français des régiments étrangers autorisés par le Ministre de la guerre.

Ces dispositions sont également applicables, sans aucune restriction et réserve, aux hommes domiciliés en Algérie et aux colonies avant leur incorporation, ou après leur passage dans la réserve de l'armée active.

Art. 30. Les hommes des armées de terre et de mer, libérés du service et domiciliés dans une de nos possessions d'outre-mer, qui demandent à contracter un rengagement au titre des troupes de la marine, ne peuvent être reçus que pour l'un des corps stationnés dans la colonie où ils résident, ou, à défaut, dans la colonie la plus voisine comportant une garnison des troupes de la marine.

Art. 31. Le militaire en activité de service doit, pour être reçu à se rengager dans un de ces corps, justifier :

1° Qu'il a six mois de service effectif s'il appartient aux troupes de la marine, ou qu'il est dans sa dernière année de service s'il appartient à l'armée de terre ;

2° Qu'il est sain et qu'il réunit les autres qualités et aptitudes requises pour faire un bon service dans le corps où il veut servir ;

4° Que son rengagement ne doit pas entraîner son maintien dans l'armée active au delà d'une durée totale de quinze ans de service effectif.

Art. 32. Tout militaire de la réserve âgé de moins de 28 ans qui demande à contracter un rengagement dans un des corps de troupe de la marine doit produire :

1° Un certificat d'aptitude délivré, soit par le chef de corps, soit par le commandant du dépôt de recrutement. Ce certificat constate qu'il réunit les qualités et aptitudes requises pour faire un bon service dans le corps qu'il a choisi ;

2° Un certificat d'acceptation du chef de corps dans lequel il désire entrer ;

3° Le certificat de bonne conduite qu'il aura reçu au moment de son passage dans la réserve ;

4° Le certificat de bonnes vie et mœurs dont la production est exigée par l'article 59 de la loi, s'il est absent de son corps depuis plus de six mois.

Art. 33. Les rengagements sont reçus :

1° Dans les ports militaires, par l'officier du commissariat chargé du détail des revues ;

2° A Paris et dans les départements, par les fonctionnaires de l'intendance militaire ;

3° Dans les colonies, par l'officier du commissariat colonial chargé de la surveillance administrative du corps pour lequel il est autorisé à se rengager.

Les rengagements sont reçus dans les formes prescrites par l'article 62 de la loi.

L'acte de rengagement est conforme au modèle annexé au présent décret.

Art. 34. Le militaire de la réserve qui a contracté un rengagement dans les conditions des articles 32 et 33 du présent décret est immédiatement incorporé ou mis en route pour le corps dans lequel il a demandé à continuer son service.

Art. 35. Toutes les dispositions antérieures contraires au présent décret sont et demeurent abrogées.

Art. 36. Le Ministre de la marine est chargé de l'exécution du présent décret, qui sera inséré au *Bulletin des lois* et au *Bulletin officiel* de la marine.

Fait à Paris, le 28 janvier 1890.

Signé : CARNOT.

Par le Président de la République :

Le sénateur, Ministre de la marine,

E. Barbey.

MODÈLES

MODÈLE Nº 1.

Article 2 du décret
du 28 janvier 1890.

*TABLEAU indiquant la taille à exiger pour les engagements dans les
différents corps de troupe de la marine.*

DÉSIGNATION DES CORPS.	TAILLE MINIMUM.
Artillerie de la marine. { Régiment............................	1m,66
Artillerie de la marine. { Compagnies d'ouvriers................	1m,54 (a)
Infanterie de la marine........	1m,54
Armuriers de la marine...............................	1m,54

OBSERVATIONS.

Le périmètre thoracique doit être d'au moins 0m,78 pour les hommes
ayant la taille minimum de 1m,54. Pour les tailles plus élevées, ce
périmètre doit être au moins égal à la moitié de la taille, plus 0m,02,
pour tout homme de bonne complexion.

(a) Etre ajusteur, bourrelier, charpentier, charron, chaudronnier,
cordonnier, dessinateur, électricien, ferblantier, forgeur, lithographe,
mécanicien, modeleur, mouleur, peintre, serrurier, tailleur d'habits,
tourneur sur bois ou sur métaux, tonnelier.

Modèle nᵒ 2.

Article 12 du décret
du 28 janvier 1890.

ACTE D'ENGAGEMENT.

L'an mil huit cent   , le   ,
à   heure   , s'est présenté devant nous (1),
de la commune d   , chef-lieu
de canton d   , département d   ,

(1) Maire ou adjoint.

Le sieur (2)   , âgé de   ,
exerçant la profession de (a)   , domicilié à   , canton d   ,
département d   , résidant à   ,
canton d   , département d   ,
fils d   et d   , domiciliés
à   , canton d   , département
d   , cheveux   , sourcils   ,
front   , yeux   , nez   ,
bouche   , menton   , visage (3)
    , taille d'un mètre
centimètres,

(2) Nom et prénoms.

(a) Si l'engagé a déjà servi, on indiquera à la suite de sa profession en quelle qualité et dans quel corps.

(3) Indiquer ici les marques particulières.

Lequel, assisté du sieur (4)   , âgé
de   , exerçant la profession d   ,
domicilié à   , canton d   , département d   , et du sieur (5)   , âgé
de   , exerçant la profession d   ,
domicilié à   , canton d   , département d   , appelés l'un et l'autre comme
témoins conformément à la loi ;

(4) Nom et prénoms du premier témoin.

(5) Nom et prénoms du deuxième témoin.

A déclaré vouloir s'engager pour servir dans
l (6)   ; à cet effet, il a fait la déclaration :

1ᵒ Qu'il n'est ni marié, ni veuf avec enfant ;

2ᵒ Qu'il n'est lié au service ni dans l'armée
active, ni dans la réserve de ladite armée, ni dans
l'armée territoriale, ni comme inscrit maritime.

Ledit sieur (2)   nous a présenté :

1ᵒ Un certificat délivré sous la date du
    , par (7)   , et constatant que ledit
sieur (2)   n'est atteint d'aucune infirmité ; qu'il a la taille et les autres qualités requises
pour le (8)   , dans lequel il demande à
entrer ;

(6) Indiquer le corps choisi par l'engagé.

(7) Nom, grade et qualité de l'officier signataire du certificat.

(8) Désignation du corps ; ce corps est indiqué par l'officier qui délivre le certificat d'après l'aptitude de l'engagé.

Eng. mar.

2

(b) Si ce n'est pas un acte de naissance que l'engagé produit, on énoncera le titre qu'il présentera conformément à l'article 46 du code civil.

(9) Indication, en toutes lettres, du jour, du mois et de l'année de la naissance.

(10) Indiquer la commune.

(d) Si l'engagé a moins de vingt ans, on indiquera sous ce numéro le consentement qu'il est tenu de produire conformément à la loi.

(e) On indiquera sous ce numéro les autres pièces que l'engagé devra produire dans le cas spécifié à l'article 9 du décret.

(11) Inscrire, suivant le cas, la mention trois, quatre ou cinq ans.

(f) Si l'engagé ou les témoins ne peuvent signer, il sera fait mention de la cause qui les en empêchera, conformément à l'article 39 du code civil.

2° Son acte de naissance (b) constatant qu'il est né le (9)   , à   , canton d   , département d

3° L'extrait de son casier judiciaire ;

4° Un certificat de bonnes vie et mœurs délivré sous la date du   , par le maire d (10)   , conformément à l'article 59 de la loi du 15 juillet 1889 et constatant :

Que le sieur (2)   jouit de ses droits civils ;

Qu'il n'a jamais été condamné pour vol, escroquerie, abus de confiance ou attentat aux mœurs, et qu'il n'a subi aucune des peines prévues par l'article 5 de ladite loi.

5° (d)

6° (e)

Nous, maire d   , après avoir reconnu la régularité des pièces produites par le sieur (2)   , lui avons donné lecture :

1° Des paragraphes 1, 2, 3, 4, 5 et 6 du 2ᵉ alinéa de l'article 59 de la loi du 15 juillet 1889 ;

2° Des articles 1, 4, 11, 15 et 16 du décret du   1890, dont les deux derniers ordonnent de poursuivre comme insoumis les engagés volontaires qui ne se rendent pas à leur destination dans les délais prescrits ;

3° De l'article 4 du même décret, d'après lequel les engagés volontaires peuvent toujours être changés de corps et d'arme lorsque l'intérêt et les besoins du service l'exigent.

Après quoi nous avons reçu l'engagement du sieur (2)   , lequel a promis de servir avec fidélité et honneur pendant (11) ans, à partir de ce jour.

Lecture faite audit sieur (2)   et aux deux témoins ci-dessus dénommés du présent acte, ils ont signé avec nous (f)

Modèle nᵒ 3.

Article 20 du décret
du 28 janvier 1890.

ACTE D'ENGAGEMENT

POUR LA DURÉE DE LA GUERRE.

(1) Maire ou adjoint.

L'an mil huit cent   , le
à   heure, s'est présenté devant nous (1)
de la commune d   , chef-lieu de
canton du département d

(2) Nom et prénoms.

Le sieur (2)   âgé de   , exerçant la profession d (a)   , domicilié
à   canton d   département
d   , résidant à   canton
d   , département d   , fils
d   et d   , domiciliés à   ,
canton d   , département d   ,
cheveux   , sourcils   , front   ,
yeux   , nez   , bouche   , menton
                  , visage (3)   , taille d'un
mètre   centimètres.

(a) Si l'engagé a déjà servi, spécifier d'après sa déclaration (à la suite de l'indication de sa profession) en quelle qualité et dans quel corps.

(3) Indiquer ici les marques particulières.

Lequel assisté du sieur (4)   , âgé
de   , exerçant la profession d   ,
domicilié à   , canton d   , département d

(4) Nom et prénoms du premier témoin.

Et du sieur (5)   âgé de   ,
exerçant la profession d   , domicilié
à   , canton d   , , département d   appelés l'un et l'autre
comme témoins, conformément à la loi ;

(5) Nom et prénoms du deuxième témoin.

A déclaré vouloir s'engager pour servir dans
l (6)

(6) Indiquer le corps choisi par l'engagé.

A cet effet, ledit sieur (2)   nous a
présenté :

1ᵒ Un certificat délivré sous la date du
                  par (7)   et constatant que ledit
sieur (2)   n'est atteint d'aucune infirmité ; qu'il a la taille et les autres qualités
requises pour l (8)   , dans lequel il
demande à entrer ;

(7) Nom, grade et corps de l'officier signataire du certificat.

(8) Désignation du corps.

(b) Si ce n'est pas un acte de naissance que l'engagé produit, on énoncera le titre qu'il présentera, conformément à l'article 46 du code civil.

(9) Indication du jour, du mois et de l'année de la naissance (en toutes lettres).

(10) Indiquer la commune.

(11) Indiquer la subdivision.

(c) Si l'engagé ou les témoins ne peuvent signer, il sera fait mention de la cause qui les en empêchera, conformément à l'article 39 du code civil.

2° De son acte de naissance (b) constatant qu'il est né le (9) à   , canton d   , département d

3° Un extrait de son casier judiciaire ;

4° Un certificat, délivré sous la date du   par le maire d (10)   , et constatant :

Que ledit sieur (2)   ne se trouve pas dans l'un des cas d'exclusion de l'armée prévus par l'article 4 de la loi du 15 juillet 1889.

5° Un certificat du commandant du bureau de recrutement de la subdivision d (11) attestant que ledit sieur (2)   n'est pas tenu à l'obligation du service de l'armée active, dans la réserve de ladite armée et dans l'armée territoriale ou dans les classes de la réserve de l'armée territoriale rappelées à l'activité, ou qu'il n'appartient pas à l'inscription maritime.

Nous, maire du chef lieu du canton d après reconnu la régularité des pièces produites par le sieur (2)   , lui avons donné lecture :

1° Des articles 4, 61 et 62 de la loi du 15 juillet 1889 ;

2° Des articles 4, 19 et 20 du décret du 18   ;

3° Des articles 1, 14, 15 et 16 du même décret, dont les deux derniers ordonnent de poursuivre comme insoumis les engagés volontaires qui ne se rendent pas à leur destination dans les délais prescrits.

Après quoi, nous avons reçu l'engagement du sieur (2)   , lequel a promis de servir avec fidélité et honneur.

Lecture faite audit sieur (2)   et aux deux témoins ci-dessus dénommés du présent acte, ils ont signé avec nous (c).

Modèle nº 4.

Article 33 du décret
du 28 janvier 1890.

ACTE DE RENGAGEMENT

(1) Nom, prénoms, grade et corps du militaire.

L'an mil huit cent   , le   ,
à   heures d   , s'est présenté devant nous,
sous-intendant militaire, résidant à   ,
département d.   le sieur (1)   ,
né le   , à   , département
d   , fils d   et d   ,
domiciliés à   , canton d   ,
département d   , cheveux   ,
sourcils   , front   , yeux   ,
nez   , bouche   , menton   ,
visage (2)   , taillé d'un mètre
centimètres.

(2) Indiquer ici les marques particulières.

(3) Noms, prénoms, profession et résidence des deux témoins.

(4) Désigner le corps au titre duquel est souscrit le rengagement.

(a) Indiquer ici les pièces produites par le rengagé, en exécution de l'article 32 du décret.

Lequel, assisté des sieurs (3)
appelés comme témoins conformément à la loi,
nous a déclaré vouloir contracter un rengagement de   ans, pour servir dans le (4)

Et, à cet effet, nous a présenté (a) :

Nous, sous-intendant militaire, après avoir
reconnu la régularité des pièces produites par
le sieur (1)   , lui avons donné
lecture :

Des articles 63, 65, 66 et 67 de la loi du
15 juillet 1889.

Ensuite de quoi, nous avons reçu le rengagement du sieur (1)   , lequel a promis
de continuer à servir avec fidélité et honneur et
de rester sous les drapeaux pendant l'espace
de   ans, à compter du

(b) Si le rengagé ou les témoins ne peuvent si-gner, il sera fait mention de la cause qui les en empêchera, conformé-ment à l'article 39 du code civil.

Lecture faite audit sieur (1)
et aux deux témoins ci-dessus dénommés, du
présent acte, ils ont signé avec nous (b)

Modèle Nᵒ 5.

Article 6 du décret
du 28 janvier 1890.

CERTIFICAT D'APTITUDE

délivré par l'autorité militaire au sieur
qui a déclaré vouloir servir comme engagé volon-
taire.

(1) Indication du nom, du grade, du corps et de l'arme de l'officier signataire du certificat.
(2) Indiquer ici le nom et le grade du médecin militaire qui a visité l'engagé.
(3) Nom et prénoms de l'engagé.
(4) Prénoms du père.
(5) Nom et prénoms de la mère.

(6) Indiquer ici les marques particulières.

(7) Désignation du corps choisi par l'engagé.

(8) Signature de l'engagé.
(9) Signature du docteur.
(10) Signature de l'officier qui a établi le certificat.

Nous, soussigné (1)   , certifions que nous avons fait visiter en notre présence par M. (2)

le sieur (3)   , né le
à   , canton d
département d   , et résidant à
canton d   , département d
fils de (4)   et de (5)
domiciliés à   , canton d
département d   , taille d'un mètre
     centimètres, périmètre thoracique   centimètres, cheveux   , sourcils   , yeux   ,
nez   , bouche   , menton   , visage
(6)   , et qu'il résulte de cette visite que le sieur (3)   n'est atteint d'aucune infirmité; qu'il est sain, robuste et bien constitué.

En conséquence, et après avoir reconnu par nous-même qu'il réunit la taille et les autres qualités requises pour le (7),

Nous déclarons que l'acte d'engagement qu'il demande à contracter pour servir dans le (7)   peut être reçu.

En foi de quoi, nous lui avons délivré le présent certificat, signé de nous et de M. (2)

Fait à   , le   18   .

(8)   (9)   (10)

(Ce certificat n'est valable que pour quarante-huit heures.)

DÉPARTEMENT

d

—

CANTON

d

—

COMMUNE

d

MODÈLE Nº 6.

—

Article 7 du décret
du 28 janvier 1890.

CERTIFICAT

*délivré conformément à l'article 59 de la loi du 15
juillet 1889, au sieur (1)   qui a
déclaré vouloir servir comme engagé volontaire.*

Dans le cas où le maire de la commune ne connaîtrait pas l'individu qui ferait la demande de ce certificat, il devra en constater légalement l'identité et recueillir les preuves et témoignages qu'il jugera convenables pour arriver à la connaissance de la vérité.

(1) Nom et prénoms de l'homme qui se présente.

(2) Indiquer ici les marques particulières.

(3) Mettre la date et le millésime en toutes lettres.

NOTA. Si l'engagement est contracté dans le département où l'engagé volontaire est domicilié, la légalisation de la signature du maire n'est point indispensable.

Nous, soussigné, maire de la commune d
canton d   , département d   .

   Attestons :

1º Que le sieur (1)   , fils d
et d   , domiciliés à   ,
canton d   , département d   ,
né le   , à   , canton d   ,
département d   (ainsi qu'il résulte de
son acte de naissance dûment légalisé, cheveux
            , sourcils   , yeux   ,
front   , nez   , bouche   ,
menton   , visage   , teint (2)   ,
taille d'un mètre   centimètres, est (ou a été)
domicilié dans la commune d   depuis
le (3)   mil huit cent   jusqu'au
(3)   mil huit cent   ;

2º Qu'il jouit de ses droits civils ;

3º Qu'il n'a jamais été condamné pour vol, escroquerie, abus de confiance ou attentat aux mœurs et qu'il n'a subi aucune des peines prévues par l'article 5 de la loi du 15 juillet 1889.

En foi de quoi, nous lui avons délivré le présent certificat,

Fait à   , le   18   .

(*Signature du maire.*)

Vu pour légalisation :
Le Préfet du département,

Paris et Limoges. — Imprimerie militaire Henri CHARLES-LAVAUZELLE.